VENTE A PARIS

**Les Mercredi 6 et Jeudi 7 Décembre 1905**

HOTEL DROUOT, SALLE N° 8



# MONNAIES ANTIQUES

# MONNAIES FRANÇAISES

## *et Etrangères*

# MÉDAILLES & JETONS



*Commissaire-Priseur :*
Me MAURICE DELESTRE
5, RUE SAINT-GEORGES, 5

*Expert :*
M. ETIENNE BOURGEY
19, RUE DROUOT, 19

PARIS

MONNAIES ANTIQUES

# Monnaies Françaises

ET ÉTRANGÈRES

# MÉDAILLES & JETONS

VENTE AUX ENCHÈRES PUBLIQUES

A PARIS, HOTEL DES COMMISSAIRES-PRISEURS, RUE DROUOT, 9

SALLE N° 8, AU PREMIER ÉTAGE

**Les Mercredi 6 et Jeudi 7 Décembre 1905**

A DEUX HEURES PRÉCISES

**EXPOSITION PUBLIQUE UNE HEURE AVANT LA VENTE**

COMMISSAIRE-PRISEUR :
Me MAURICE DELESTRE
*5, rue Saint-Georges*

EXPERT :
M. ETIENNE BOURGEY
*19, rue Drouot*

PARIS

Exposition particulière :

Les Lundi 4 et Mardi 5 Décembre, chez M. Étienne Bourgey, expert, 19, rue Drouot (Téléphone 274-64).

Exposition publique :

Les Mercredi 6 et Jeudi 7 Décembre, Hôtel des ventes, salle 8, une heure avant la vente.

La vente aura lieu au comptant.

Les acquéreurs paieront dix pour cent en sus des enchères.

L'exposition mettant les acheteurs à même de juger de l'état des pièces, aucune réclamation ne sera admise aussitôt l'adjudication prononcée.

M. Etienne Bourgey, 19, rue Drouot, se charge, aux conditions habituelles (5 o/o sur la limite), des commissions qui lui seront confiées.

L'ordre du catalogue sera suivi ou non. L'expert se réserve le droit de diviser ou de réunir les lots.

## MONNAIES ANTIQUES

1 **Thrace.** *Lysimaque.* Tête cornue d'Alexandre à dr. ℞. **ΒΑΣΙΛΕΩΣ ΛΥΣΙΜΑΧΟΥ**· Pallas nicéphore assise à g. Or. B.

2 **Macédoine.** *Alexandre le Grand.* Tête casquée à dr. ℞. **ΑΛΕΞΑΝΔΡΟΥ**. Victoire debout à g. Or. TB.

3 **Carthage.** Tête de Cérès à g. ℞. Cheval debout, à dr. Electrum. TB.

4 Lot de monnaies grecques.

5 **Monnaies de la République romaine.** *Aemilia. Antestia. Appia. Baebia.* Arg. 5 p. B.

6 *Caecilia. Calpurnia. Carisia. Claudia. Cloulia.* Arg. 5 p. B.

7 *Coelia. Considia. Cornelia. Crepusia. Cupiennia.* Arg. 5 p. B.

8 *Domitia. Flaminia. Fonteia.* Arg. 5 p. B.

9 *Julia. Junia. Licinia. Lucilia.* Arg. 5 p. B.

10 *Lutatia. Marcia. Naevia. Norbana. Papia.* Arg. 5 p. B.

11 *Pompeia. Porcia. Postumia. Procilia. Rubria.* Arg. 5 p. B.

12 *Servilia. Thoria. Tituria.* Arg. 4 p. B.

13 *Vibia. Volteia.* Arg. 4 p. B.

14 **Empire romain.** *Tibère.* Tête laurée à dr. ℞. PONTIF. MAXIM. Livie assise à dr. (C. 15), Or. B.

15 *Claude Ier.* Tête laurée à dr. ℞. PRAETOR RECEPT. L'Empereur et un prétorien debout (C. 77). Or. B.

16 *Néron.* Tête laurée à dr. ℞. CONCORDIA AVGVSTA. La Concorde assise à g. (C. 66). Or. TB.

17 Tête nue à dr. ℞. EX. S. C. dans une couronne (C. 215). Or. TB.

18 *Vespasien.* Tête laurée à dr. ℞. PAX. AVGVST. La Paix assise à g. (C. 319). Or. TB.

19 — VESTA. Temple (C. 580 var.). Or. B.

20 *Auguste. Tibère. Domitien.* Arg. 3 p. B. et TB.

21 *Trajan.* Buste lauré à dr. ℞. Trois enseignes (C. 578). Or. TB.

22 *Nerva. Trajan. Adrien.* Arg. 3 p. B. et TB.

23 *Sabine.* Tête à dr. ℞. VESTA. Vesta assise à g. (C. 79). Or.

24 *Adrien. Antonin.* Arg. 4 p. B.

25 *Antonin.* La Santé debout (C. 281). Arg. FDC.

26 *Antonin. Faustine mère.* Arg. 3 p. B.

27 *Faustine mère.* Cérès debout (C. 78). Arg. FDC.

28 *Marc-Aurèle.* Génie debout (C. 321). Arg. FDC.

29 La Santé debout (C. 543). Arg. FDC.

30 L'Allégresse debout (C. 946). Arg. FDC.

31 Victoire marchant à g. (C. 949). Arg. FDC.

32 *Marc-Aurèle. Commode.* Arg. 3 p. TB.

33 *Faustine jeune.* Cérès assise à g. (C. 35). Arg. FDC.

34 Paon (C. 71). Arg. FDC.

35 Junon assise à g. (C. 126). Arg. FDC.

36 Vesta assise à g. (C. 286). Arg. FDC.

37 *Lucius Vérus.* Captif assis. (C. 273). Arg. FDC.

38 *Lucille.* Junon debout. (C. 41). Arg. FDC.

39 Vesta debout. (C. 92). Arg. FDC.

40 *Commode.* L'Espérance debout. (C. 709). Arg. FDC.

41 La Fortune assise à g. (C. 779). Arg. FDC.

42 L'empereur sacrifiant à g. (C. 1003). Arg. FDC.

43 *Crispine.* Deux mains jointes (C. 9). Arg. FDC.

44 *Crispine, Septime Sévère.* Arg. 3 p. B.

45 *Caracalla. Géta.* Arg. 3 p. B.

46 *Julie Domme. Alexandre-Sévère.* Arg. 3 p. B.

47 *Maximin Ier. Æmilien.* Arg. 2 p. TB.

48 *Etruscille.* Tête à dr. ℞. PVDICITIA. AVG. La Pudeur assise à g. (C. 18). Or. trouée.

49 *Dioclétien.* Tête laurée à dr. ℞. CONSVL III PP PROCOS. L'Empereur debout à g. (C. 46. Var). Or. FDC.

50 Buste lauré. ℞. IOVI CONSERVATORI. Jupiter nicéphore debout. (C. 248). Or. FDC.

51 *Maximien Hercule.* Tête laurée à dr. ℞. CONCORDIAE AVGG. NN. Les empereurs assis. (C. 47). Or. FDC.

52 *Constantin Ier*. Tête laurée à dr. ℞. CLARITAS REIPVBLICAE. Le soleil et un suppliant. (C. 35). Or.

53 Lot de deniers romains. Arg. 61 p.

54 **Monnaies gauloises.** *Atrébates.* Statère. Tête très barbare, laurée, occupant tout le champ. ℞. Cheval à dr., en haut et derrière, traces d'un aurige et d un char ; dessous, une roue. Or. B.

55 — Variété encore plus barbare. Or. B.

56 *Atrébates ou Nerviens.* Statère. Traces d'une tête barbare à dr. ℞. Cheval à dr. sur un double filet ponctué. Devant, un annelet ; au-dessus une roue. Or. TB.

57 *Morins.* Statère. Cheval à dr. Devant, un symbole en forme d'œil, en haut, un torques. ℞. lisse, convexe. Or. TB.

58 — Même type varié ; dessous un croissant et un globule. Or. TB.

## MONNAIES FRANÇAISES

59 **Monnaies mérovingiennes.** *Bar* (Corrèze). + GVNDVLFO. Croix à 6 branches. ℞. + BARRO FIT. Croix ancrée (Inédit). Triens. Or. TB.

60 *Ciral.* (Orne)· SIRALLO F. rétrograde. Tête diadémée à dr. ℞. + EBRVI FO. Croix ancrée sur 2 degrés. (Inédit). Triens, Or. FDC.

61 *Clermont Ferrand.* Tête à dr. ℞. + LEVDELINVS MO. Croisette. (Prou 1750). Triens. Or. FDC.

62 *Foix.* + CASTRO FVSCI. Tête à dr. ℞. + ODARENTE MON. Croix sur deux degrés. (P. 2460. pl. 34, 19). Triens. Or. TB.

63 *Rodez.* + SIVVOIN. Tête à dr. ℞. Monogr. composé des lettres RVTE (monétaire inédit). Triens. Or. FDC.

64 *Thiverzay* (fbg de Fontenay-le-Comte). TEODCBERCIA. Buste couronné à dr. ℞. AVNOALDO. Croix chrismée sur 2 degrés ; dessous, un trait supportant 4 traits verticaux (P. 2381) Triens. Or. FDC.

65 *Trizay-sur-le-Lay.* (Vendée), TIDIRICIACO. Buste diadémé à dr. ℞. + AONOBODE MO. Croix cantonnée de points. (Var. de P. 2367). Triens. Or. TB.

66 **Philippe Ier**. Orléans (H. 7). — Dreux (H. 27). **Louis VI ou VII**. Orléans (H. 8). *Deniers*, Bill. — Ens. 3 p. B.

67 **Louis VI**. Montreuil (H. 21). Nevers (H. 22). **Louis VII**. Angoulême (H. 18). *Deniers*. Angoulême. *Obole*. Bill. — Ens. 4 p. B.

68 **Philippe II**. Saint-Omer (H. 11). **Louis VIII**. Tours (H. 3). *Deniers*. Bill. — Ens. 2 p. B.

69 **Louis IX**. *Gros à l'étoile*. (H. 9). Arg. TB.

70 **Philippe III**. *Masse d'or*. PHILIPP ⁝ DEI ⁝ GRA ⁝ FRACHORV ⁝ REX. Le roi assis de face, tenant la masse fleurdelisée et une fleur de lis. Ṛ. + XPC ⁝ ... etc. Croix feuillue cantonnée de quatre lis (H. 3) Or. Extrêment beau.

71 *Gros tournois* (H. 5). Arg. *Denier parisis* (H. 6). Bill. *Denier tournois* (H. 8). Bill. Ens. 3 p. B et TB.

72 **Philippe IV**. *Agnel d'or*. PH'REX sous l'agneau pascal (H. 1). Or. FDC.

73 *Masse d'or*. + PHILIPPVS ⁝ DEI ⁝ GRA ⁝ FRANCHORVM ⁝ REX. Le roi assis sur un trône gothique, dans une rosace. Ṛ. + XPC... etc Croix cantonnée de lis dans un quadrilobe. (H. 4). Or. FDC.

74 *Gros tournois*. (H. 5). *Maille tierce* (H. 7). **Arg.** — Ens. 2 p. TB.

75 *Gros tournois* (H. 8). Arg. *Maille blanche* (H. 18). Arg. *Double tournois*. (H. 23). Bill. — Ens. 3 p. TB.

76 *Mitte royale tournois*. P-H-R-X renversés, cantonnant une croix (Var. de H. 25). Bill. TB.

77 **Louis X**. *Gros tournois* à l'x cantonnée de points. (H. 2). Arg. TB.

78 *Gros tournois* (H. 3). Arg. TB.

79 **Philippe V**. *Agnel d'or*. PH'REX sous l'agneau. au-dessous un marteau. (H. 1). Or. TB.

80 *Gros tournois* (H. 3). Arg. TB.

81 **Charles IV**. *Agnel d'or*. KL'REX sous l'agneau ; plus bas, une étoile (H. 1). Or. TB.

82 *Royal d'or*. KOL. REX. FRA. COR. Le roi debout sous un portail gothique. Ṛ. + XPC... etc. Croix feuillue dans un quadrilobe cantonné de couronnes (H. 2). Or. Extrêmement beau.

83 *Maille blanche* (H. 8). — Variété (H. 9). **Arg.** – Ens. 2 p. TB.

84 **Philippe VI**. *Royal d'or*. PHS. REX. FRA. COR. Type du n 82 (H. 1). Or. TB.

85 *Ecu d'or*. + PHILIPPVS : DEI. GRA. FRANCORVM : REX. Le roi assis sur un trône, tenant une épée et l'écu fleurdelisé. ℟. + XPC:... etc. Croix dans une rosace. (H. 3). Or. TB.

86 *Lion d'or*. PH : DEI : GRA. FRANC : REX. Le roi assis sur un trône, les pieds posés sur un lion. ℟. + : XPC... etc. Croix dans une rosace cantonnée de couronnes (H. 6). Or. TB.

87 *Pavillon d'or*. PHILIPPVS : DEI GRA : FRANCHORVM : REX. Le roi assis sous un pavillon fleurdelisé. ℟. + XPC... etc. Croix dans un quadrilobe (H. 8). Or. TB.

88 *Ange d'or*. PHILIPPVS : D. GRA : FRAC : REX. Ange terrassant un dragon, sous un dais, dans un épicycloïde. ℟. + XPC... etc. même croix (H. 12). Or. TB.

89 *Chaise d'or*. + PHILIPPVS. DEI. GRACIA. FRANCORVM. REX. Le roi assis sur trône, dans un épicycloïde. ℟. + XPC... etc., même croix (H. 14). Or. FDC.

90 *Gros tournois*. (H. 20.). Arg. TB.

91 *Gros à la Couronne*. (H. 25). Arg. *Gros à la fleur de lis* (H. 29). Arg. *Double parisis* (H. 31). — Bill. Ens. 3 p. TB.

92 **Jean le Bon.** *Ecu d'or*. Le roi assis, tenant l'écu. (H. 1). Or. TB.

93 *Mouton d'or*. Agneau pascal, dessous IOH'REX. (H. 3). Or. TB.

94 *Royal d'or*. Le roi debout sous un portail gothique. ℟. Croix feuillue cantonnée de quatre lis. (H. 8). Or. TB.

95 *Franc à cheval*. Le roi vêtu d'une tunique fleurdelisée, galopant à gauche. (H. 10). Or. FDC.

96 *Gros tournois* (H. 15). Arg. TB.

97 *Gros tournois à la queue* dit *poillevillain*. (H. 19). Arg. *Gros à la fleur de lis*. (H. 31). — Ens. 2 p. TB.

98 *Gros à la couronne*. (H. 25). Arg. TB.

99 *Gros blanc à la couronne*. (H. 28). Bill. B.

100 *Gros à la Fleur de lis* (H. 31). *Gros denier blanc*. (H. 32). *Gros blanc* (H. 33). Bill. — Ens. 3 p. B.

101 *Gros blanc aux trois fleurs de lis*. (H. 37). Arg. TB.

102 *Gros blanc à la fleur de lis*. (H. 39). TB.

103 *Gros blanc à l'étoile*. (H. 44). Arg. TB.

104 *Gros blanc aux fleurs de lis*. (H. 46). Arg. TB.

105 *Gros blanc à la patte d'oie*. (H. 49). *Petit tournois* (H. 70). Bill. — Ens. 2 p. TB.

106 **Charles V.** *Franc à pied.* Le roi debout sous un portail, entouré de fleurs de lis. ℟. Croix feuillue. (H. 2). Or. TB.

107 *Franc à cheval du Dauphiné.* KAROLVS : DEI GRACIA : FRANCORV : REX. Le roi armé, revêtu d'une tunique fleurdelisée et tenant l'épée haute *dont la poignée est rattachée à la cuirasse par une chaîne*, galoppant à gauche sur un destrier caparaçonné avec fleurs de lis. ℟. Dauphin au commencement de la légende XPC... etc. Croix feuillue dans une rosace cantonnée de trois annelets. Or. FDC. Var. Inédite.

La « chaîne d'épée », figure sur quelques sceaux, de 1295 à 1367 (voir à ce sujet « le costume au Moyen Age d'après les sceaux » par G. Demay) mais c'est, croyons-nous, la premiere fois qu'elle est signalée sur une monnaie.

108 *Gros tournois à la couronne.* (H. 6). *Gros au K* (H. 7). — Ens. 2 p. Arg. TB.

109 *Gros delphinal* (H. 14). *Petit dauphin* (H. 16). Bill. — Ens. 2 p. B.

110 **Charles VI.** *Ecu d'or*, frappé à Saint-Quentin (H. 1). Or. FDC.

111 *Gros.* GROSSVS : TVRONVS. Trois fleurs de lis sous une couronne (H. 11). Arg. FDC.

112 *Gros aux fleurs de lis.* Tournai. (H. 15). Arg. TB.

113 *Florette* (H. 17). *Demi-gros* (H. 19). *Blanc* dit *Guénar*, Tours (H. 22) *Demi-blanc Guénar.* (H. 26), Bill. — Ens. 5 p. TB.

114 *Double tournois.* (H. 31). — Variété. (H. 33). *Double tournois* dit *Niquet* (H. 34). *Dernier tournois.* (H. 38). Bill. — Ens. 4 p. B.

115 *Denier tournois.* + KAROLS : FRCOR : REX. ℟. + TVRONVS CIVIS. (Var. de H. 39). Bill. TB.

116 *Petit Parisis.* (H. 40). *Obole* ou *Maille.* (H. 41). *Denier dentelé.* Dauphiné. (H. 47). Bill. — Ens. 3 p. B.

117 *Patacchina* pour Gênes. Ecu parti de France-Gênes; dessous B. (H. 53). Arg. TB.

118 **Henri V.** *Florette.* Trois fleurs de lis sous une couronne. (H. 6). Bill. TB.

119 *Florette.* Trois fleurs de lis entre deux léopards sous une couronne (H. 7). Bill. TB.

120 **Henry VI.** *Salut d'or.* Ecus accolés de France et d'Angleterre; derrière, la salutation angélique. Frappé à Saint-Lô. (H. 2). Or. Extrêmement beau.

121 *Blanc aux écus.* Rouen. (H. 6). *Petit blanc aux écus.* Rouen (H. 7.) Bill. — Ens. 2 p. TB.

122 **Charles VII.** *Ecu d'or.* Ecu de France accosté de deux lis couronnés. (H. 6.) Or. TB.

123 *Royal d'or.* Le roi debout sur champ fleurdelisé (H. 9). Or. TB.

124 *Grande plaque.* (H. 12) Bill. B.

125 *Grand blanc dentillé.* (H. 15). *Florette.* Bill. — Ens. 2 p. TB.

126 *Gros dit Florette.* (H. 35). *Grand blanc.* Paris. (H. 36). *Grand blanc aux trois fleurs de lis.* La Rochelle (H. 39). Bill. — Ens. 3 p. TB.

127 *Douzain au briquet* (H. 41). *Petit blanc aux fleurs de lis.* (H. 43). *Dernier tournois.* (H. 48). *Double tournois.* (H. 49). Bill. — Ens. 4 p.

128 **Louis XI.** *Ecu d'or à la couronne.* (H. 4). Or. TB.

129 *Gros de roi.* Trois lis sous une couronne. (H. 12). Arg. *Gros blanc.* Trois lis dans un trilobe. (H. 19). Bill. — Ens. 2 p. TB.

130 **Charles VIII.** *Ecu de Bretagne.* (H. 7). Or. TB.

131 *Ecu du Dauphiné* (Dauphin). KAROLVS: DEI: GRA: FRACORVM: REX (Cœur). Champ écartelé de France et de Dauphiné. ℟. XPS: etc. Croix fleurdelisée. Or. Inconnu à Hoffmann. Jolie pièce à FDC.

132 *Gros de roi* (H. 10). Arg. *Douzain* (H. 11). *Douzain de Bretagne* (H. 13.) *Carolus* (H. 19). Bill. Ens. 4 p. B.

133 **Louis XII.** *Ecu aux porcs-épics.* Lyon (H. 6). Or. TB.

134 *Douzain à la couronne* (H. 26). *Sixain* (H. 27). *Douzain de Bretagne* (H. 28). *Douzain du Dauphiné.* (H. 32). Bill. Ens. 4 p. B.

135 *Douzain au porc-épic.* (H. 33). *Douzain du Dauphiné* (H.35). Bill. Ens. 2 p. B.

136 *Teston de Milan.* Buste à dr., avec chaperon fleurdelisé. ℟. MEDIOLANI. DVX. Saint Ambroise à cheval ; dessous, l'écu de France (H. 87). Arg. TB.

137 *Bisonne.* Ecu de France entre deux guivres (H. 94). Arg. *Demi-parpaillole.* Guivre (H. 98). Bill. *Patard.* (H. 100). Cuivre. Ens. 3 p. B.

138 **François I^er^.** *Ecu au Soleil.* Dauphiné (H. 19). Or. TB.

139 *Ecu au Soleil.* Variété inédite. Coquille après REX et couronnelle au-dessus du soleil. ℟. Croix cantonnée de deux F couronnés et deux lis. Or. TB.

140 *Teston.* Buste couronné à dr. ℟. NO NOBIS... etc. Ecu couronné entre deux F couronnés. Lyon. (H. 42). Arg. TB.

141 *Teston du Dauphiné.* SIT NOMEN...etc. Ecu écartelé de France et de Dauphiné. Romans. (H. 53). Arg. TB.

142 *Teston.* XPS... etc. Ecu de France dans une rosace. Rouen. (H. 63 varié). Arg. TB. Rare.

143 *Douzain du Dauphiné.* (H. 99). *Douzain à la salamandre.* (H. 104). *Douzain à la croisette.* (H. 108). Bill. Ens. 3 p. TB.

144 **Henri II.** *Double Henri d'or.* Buste à dr. ℟. DVM. TOTVM. COMPLEAT ORBEM. 1558. Croix formée de quatre H couronnés, cantonnée de deux croissants et deux lis. Au centre B. (H. 23). Or. TB.

145 *Henri d'or.* Mêmes types. 1550. Dans la croix R. Villeneuve-Saint-André. (H. 27). Or. TB.

146 *Teston.* Bordeaux. 1559. (H. 35). Arg. TB.

147 *Teston au moulin.* Tête laurée à dr. (H. 52). Arg. B.

148 *Teston du Dauphiné.* Buste cuirassé à dr. ℟. Ecu écartelé entre deux H couronnés. 1561. (H. 60). Arg. TB.

149 *Gros de Nesle.* 1550. Paris (H. 70). *Douzain aux croissants.* 1550. Paris. (H. 74). Bill. Ens. 2 p. B.

150 **François II.** *Teston au buste d'Henri II.* 1560. Lyon. (H. 59 var.). Arg. Beau.

151 **Charles IX.** *Ecu d'or.* Paris, MVLXII. (Var. de H. 1). Or. FDC.

152 — Variété du précédent (H. 3). Tours 1565. Or. TB.

153 *Teston.* MDLXVI. Bordeaux. (H. 10). Arg. B.

154 *Demi-teston.* MDLX. Bourges. (H. 13). Arg. B.

155 *Douzain.* 1571. (H. 31). — Autre. 1572. Poitiers. (H. 35). *Douzain du Dauphiné.* 1574. (H. 36). Bill. Ens. 3 p. B.

156 **Henri III.** *Ecu d'or.* Paris, 1575. (H. 6). Or. TB.

157 *Demi-franc.* Buste lauré, à col rabattu. 1587. Poitiers. (H. 23). Arg. FDC.

158 *Gros de Nesle.* 1579. Lyon (H. 36). *Gros de Nesle pour le Dauphiné.* H couronné entre deux lis; dessous un dauphin. (H. 39). Bill. Ens. 2 p. TB.

159 **Henri IV.** *Ecu d'or.* HENRICVS. IIII. D. G. FRAN, ET. NA. REX. 1607. Ecu de France couronné. ℟. + CHRISTVS... etc. Croix fleurdelisée, au centre A. (H. 5). Or. TB.

160 *Piéfort du franc.* + HENRICVS. IIII. D. G. FRANCO. ET. NAVARÆ. REX. Buste lauré et cuirassé à dr., dessous 1607. ℞. SIT. NOMEN. DOMINI. BENEDICTVM. A. Croix fleuronnée et fleurdelisée, au centre H. Sur la tranche en relief : PERENNITATI. PRINCIPIS. GALLIÆ. RESTITVTORIS. (H. 50). Arg. Magnifique pièce à FDC.

161 *Quart d'écu.* 1590 Bayonne (H. 25). — *Quart d'écu du Dauphiné.* 1604. Grenoble (H. 26). Arg. Ens. 2 p. TB.

162 *Quart d'écu de France-Navarre.* Ecu parti. 1603. (H. 29). *Quart d'écu de France-Navarre-Béarn.* 1603. Morlas. (H. 32). *Huitième d'écu de France-Navarre-Béarn.* 1604. (H. 33). Arg. Ens. 3 p. TB.

163 *Demi-franc.* 1602. Buste lauré à dr. ℞. Croix fleuronnée. Villeneuve-Saint-André. (H. 45). Arg. TB.

164 *Piéfort du double tournois.* Tranche cannelée, 1607, Paris. (H. 76). *Denier tournois*, 1607, Paris. (H. 79). Cuivre. — Ens. 2 p. B. et FDC.

165 **Louis XIII.** *Ecu d'or.* Amiens. (Var. de H. 6). Or. FDC.

166 *Louis.* Tête laurée à dr., dessous, 1641. ℞. Huit L en croix, au centre A. (H. 22). Or. FDC.

167 *Demi-louis.* Mêmes types. Paris, 1642, (H. 24). Or. FDC.

168 *Demi-franc.* Buste lauré et fraisé à dr. ℞. SIT... etc. 1615. Quatre fleurons en croix. Au centre L et lis. Saint-Lô. (H. 60), Arg. TB.

169 *Ecu de 30 sols.* 1642. Paris. (H. 88). Arg. FDC.

170 *Ecu blanc de 60 sols.* Buste lauré et drapé à dr. ℞. SIT... etc. 1643. Ecu couronné. Paris. (H. 91) Arg. TB.

171 *Ecu blanc de 30 sols.* 1643. Paris. (H. 94). Arg. TB.

172 — *15 sols.* 1642. Paris. (H. 97). *Louis d'argent de 5 sols.* 1643. Paris. (H. 90). Arg. *Denier tournois.* 1614. Amiens. (H. 123). Cuivre. — Ens. 3 p. TB.

173 *Quinze deniers.* Ecu de France entre deux L. ℞. + SIT...,etc., 1625. Croix cantonnée de deux lis et deux couronnes. Paris. (H. 115). Arg. FDC.

174 *Essai de la pièce de 2 sols 6 deniers.* LVD. XIII .., etc. 1642. Trois lis et L couronnés. ℞. Quatre fleurons en croix, au centre A, cantonnés de 2 S-6-D (H. 117). Arg. TB.

175 *Piéfort du double tournois*, tranche cannelée, 1618. Paris. (manque dans Hoffmann). *Double tournois*, 1628. Paris. (H. 127). Cuivre. — Ens. 2 p. B. et TB.

176 **Louis XIV**. *Louis*. Tête jeune laurée à dr., dessous, 1653. ℞. Huit L en croix, au centre, un rat. Arras. (H. 12). Or. TB.

177 *Louis*. Tête laurée à dr., dessous, 1694. ℞. Quatre lis couronnés en croix, cantonnés de quatre L. Au centre BB. Strasbourg. (H. 33). Or. TB.

178 *Double-louis*. Tête laurée à dr., dessous P. 1710. ℞. Croix formée de huit L couronnés, cantonnée de quatre lis, au centre, un soleil. Dijon. (H. 41). Or. FDC.

179 *Louis*. Mêmes types. 1709. Lyon. (H. 42). Or. FDC.

180 *Demi-louis*. Mêmes types. 1712. Montpellier. (H. 43). Or. FDC.

181 *Ecu blanc de 60 sols*. Buste à la mèche courte à dr. 1644. Paris. (H. 55). Arg. B.

182 *Demi-écu*. 1645. Paris. (H. 59). *Quart d'écu*. 1644. Paris. (H. 61). *Douzième d'écu*. 1644. Paris. (H. 63). Arg. — Ens. 3 p. TB. et FDC.

183 *Ecu blanc de 60 sols*. Buste à la mèche longue. 1648. Bordeaux. (H. 74). Arg. TB.

184 *Demi-écu*. 1651. Rouen. (H. 76). *Quart d'écu*. 1647. Paris. (H. 77). Arg. — Ens. 2 p. TB.

185 *Ecu de Navarre*. Buste jeune. ℞. Ecu parti de France et Navarre. 1654. (H. 79). Arg. TB.

186 *Ecu de Navarre-Béarn*. Buste jeune. ℞. Ecu parti de France et de Navarre-Béarn. 1661. (H. 83). Arg. TB.

187 *Demi-écu de Navarre-Béarn*. 1655. (H. 84). Arg. TB.

188 *Ecu blanc*. Buste juvénile lauré à dr. ℞. Ecu de France. 1663. Bayonne. (H. 102). Arg. B.

189 *Demi-écu blanc*. 1662. Rouen. (H. 103). Arg. TB.

190 *Ecu blanc de Navarre-Béarn*. Buste lauré et drapé. ℞. Ecu parti de France et de Navarre-Béarn. 1665. (H. 109). Arg. B.

191 *Demi-écu de Navarre-Béarn*. 1667. (H. 110). Arg. B.

192 *Ecu du Parlement*. Buste avec cravate. ℞. Ecu de France. 1683. Rennes. (H. 113). Arg. TB.

193 *Demi-écu du Parlement*. 1679. Rouen. (H. 114). Arg. FDC.

194 *Ecu aux huit L*. Buste drapé, 1690. ℞. CHRS..., etc. Croix formée par huit L couronnées. Poitiers. (H. 133). Arg. TB.

195 *Ecu aux palmes*. 1695. Lyon. (H. 140). Arg. TB.

196 *Demi-écu aux palmes*. 1693. Paris. (H. 141). Arg. TB.

197 *Demi-écu carambole aux palmes*. Ecu aux armes de France, Navarre et Bourgogne. 1694. Lille. (H. 149). Arg. TB.

198 *Ecu aux insignes*. Ecu rond sur le sceptre et la main de justice. 1702. Rennes. (H. 153). Arg. FDC.

199 *Demi-écu aux insignes*. Bourges. (H. 154). *Quart d'écu aux insignes*. 1702. (H. 155). Arg. — Ens. 2 p. TB.

200 *Ecu aux huit L*. Buste cuirassé. ℟. Croix formée par huit L couronnées. Au centre, 3 lis. (H. 174). Arg. FDC.

201 *Ecu aux huit L*. Buste lauré et drapé. 1709. Nantes. (H. 179). Arg. TB.

202 *Ecu aux trois couronnes*. 1709. Paris. (H. 187). Arg. FDC.

203 — La même pièce. 1715. Lyon. (H. 187). Arg. TB.

204 *Demi écu aux trois couronnes*. 1712. Troyes. (H. 189). *Quart d'écu aux trois couronnes*. 1711. Lyon. (H. 190). Arg. — Ens., 2 p. TB.

205 *Siège de Lille*. 1708. Ecu de Boufflers. 20 sols. (Maillet pl. 73.1) — 10 sols (M. pl. 73.2). — 5 sols (M. pl. 73.3). Cuivre. — Ens. 3 p. TB.

206 *Siège de Tournai*. 1709. Tête de M. de Surville. 20 sols. Uniface en losange (M. pl. 112.14). Arg. Ecu de Surville, 8 sols. (M. pl. 112.15). Cuivre. — Ens. 2 p. TB.

207 *Siège d'Aire*. 1710. PRO.REGE.ET.PRO.PATRIA.ARIA. 25 OB. Ecu de M. de Guébriant. 25 sols. Uniface en losange. (M. pl. I. 6). Arg. TB.

208 **Louis XV**. *Louis aux insignes*. Buste enfant à dr. 1716. ℟. Ecu ovale couronné, sur une main de justice et un sceptre; dessous, S. Troyes. (H. 4). Or. B.

209 *Louis à la croix de Malte*. Buste jeune lauré, 1718. K. ℟. Croix de Malte, au centre trois lis. Bordeaux. (H. 9). Or. FDC.

209*bis* *Louis aux deux L*. Buste lauré à dr. 1721. ℟. Deux L adossées et couronnées. Paris. (H. 11). Or. FDC.

210 *Louis dit Mirliton*. Buste lauré à dr., 1723. ℟. Deux L entrelacés. K. Bordeaux. (H. 14). Or. FDC.

211 *Louis aux lunettes*. Buste à g. ℟. Ecus ovales de France et de Navarre, 1727. B. Rouen. (H. 16). Or. FDC.

212 *Double-louis au bandeau*. Tête à g. ℟. Les deux écus ovales. 1756. D. Lyon. (H. 18). Or. TB.

213 *Ecu vertugadin*. Buste enfantin surfrappé sur l'écu aux trois couronnes de 1712. ℟. Ecu ovale. (H. 26). Arg. TB.

214 *Demi-écu vertugadin*. 1716. Amiens. (H. 28). *Dixième d'écu vertugadin*. 1716. Nantes. (H. 30). Arg. — Ens. 2 p. TB.

215 *Petit louis d'argent*. 1720. Amiens. (H. 33). Arg. FDC.

216 — Autre. 1720. (H. 33). *20 sols de Navarre*. 1720. Lille. (H. 38). *10 sols de Navarre*. 1719. Paris. (H. 39). Arg. — Ens. 3 p. TB.

217 *Ecu de Navarre*. 1718. La Rochelle. (H. 34). Arg. TB.

218 *Ecu de France* de 9 livres. Buste jeune lauré et drapé à dr. ℞. SIT..., etc. 1723. Ecu couronné. Amiens. (H. 40). Arg. FDC.

219 *Ecu aux huit L*. Buste lauré et cuirassé à dr. ℞. Quatre lis couronnés en croix, cantonnés de huit L. 1725. Amiens. (H. 45). Arg. FDC.

220 *Demi-écu aux huit L*. 1723. Amiens. (H. 46). Arg. FDC.

221 *Ecu aux lauriers*. Buste habillé à g. ℞. Ecu ovale cerné de lauriers. 1726. Nantes. (H. 50). Arg. FDC.

222 *Petit écu*. Tête vieillie et laurée à g. 1772. Nantes. (H. 64). Arg. FDC.

223 *Iles-du-Vent*. Tête laurée à dr. ℞. ISLES.DU.VENT. 1731. 12 sols. La Rochelle (H. 85). — 6 sols. (H. 86). Arg. — Ens. 2 p. FDC.

224 **Louis XVI.** *Louis aux insignes*. Buste habillé à g. ℞. Ecu carré sur les insignes. 1774. Paris. (H. 1) Or. TB.

225 *Louis constitutionnel*. Buste nu à g. 1792. ℞. Génie. Paris. (H. 59). Or. FDC.

226 *Ecu de 6 livres*. 1793. Paris. (H. 60). FDC.

227 *Petit écu*. 1792. Paris. (H. 414). Arg. FDC.

228 **République.** *24 livres*. Génie. 1793. ℞. 24 LIVRES.A.L'AN.II. Paris. Or. FDC.

229 *Ecu de 6 livres*. Génie. 1793. ℞. SIX.LIVRES.A.L'AN.II. Paris. Arg. FDC.

230 Autre *sans la date*. 1793. Au ℞. B. Rouen. Arg. TB. Rare.

231 *Monneron*. Le serment du roi, 1791. (Hennin 217). Br. TB.

232 *Monneron de 5 sols*. La Fédération. 1792. (Hen. 431). *Monneron à l'Hercule*. 1792, *Monneron de 2 sols* (Hen. 439). Br. — Ens. 3 p. TB. et FDC.

233 *La Fayette*. Buste en uniforme à gauche. (Hen. 302). Br. FDC.

234 *Jean-Jacques Rousseau*. Buste à g. (Hen. 306). Br. FDC.

235 *Mirabeau*. Sa tête laurée à g. Métal de cloche, TB.

236 *Lavoisier*. Tête à dr. Essai de Gengembre, an 9. Cuivre, FDC.

237 — *Cinq francs*. An 7. Paris. Arg. TB.

238 **Guerres contre la France**. *Maestricht assiégé par les Français*. 1794. Pièce de 100 stuyvers, Uniface. (Hen. 640). Arg. TB.

239 *Clément-Wenceslas*, électeur de Trèves. Buste à dr. Ecu de nécessité, 1794. (Hen. 656). Arg. TB.

240 *François-Louis*, évêque de Bamberg. Ecu couronné. Thaler, 1795. (Hen. 706). Arg. TB.

241 *Georges-Charles*, évêque de Wurtzbourg. Buste à droite. Ecu de Convention, 1795. (Hen. 712). Arg. TB.

242 Bamberg. 20 kr. 1795 (Hen. 707). Wurtzbourg. 20 kr. 1795 (Hen. 717). — Autre (Hen. 718, variété). Bil. — Ens. 3 p. B.

243 *Joseph*. Evêque d'Eichstaedt. Buste à dr. ℞. Ecu couronné. Demi-écu. 1796. (Hen. 774). Arg. FDC.

244 *Adalbert*, évêque et abbé de Fulda. Buste à dr. ℞. Ecu couronné. Thaler, 1796 (Hen. 777.) Arg. TB.

245 **Républiques étrangères**. *République romaine*. REPVBLICA ROMANA La Liberté. ℞. SCVDO ROMANO. Arg. TB.

246 *République piémontaise*. Demi-écu an VII. Arg. TB.

247 *République Cisalpine*. ALL\. NAZ. FRAN. LA REP. CISAL. RICONOSCENTE. Deux femmes. Ecu de 6 livres, an VIII. Arg. TB.

248 *République ligurienne*. La Liberté et l'Egalité, 1804. ℞. Ecu sur un faisceau. 8 lire. Arg. TB.

249 **Consulat et Empire**. *Cinq francs*. Bonaparte, premier consul, an XI. Paris. Arg. TB.

250 *Vingt francs*. Napoléon empereur. ℞. République française, an XII. Paris. Or. FDC.

251 *Cinq francs*. An 14. Paris. Arg. FDC.

252 *Deux francs*, an 12. Paris. *Un franc*. 1806. Paris. *Demi-franc*. An 13. Paris. *Quart*, an 12. La Rochelle. Arg. — Ens. 4 p. TB.

253 *Cinq francs*. Empire français, 1811. Rouen. Arg. TB.

254 — Autre, 1811. Paris. Arg. FDC.

255 *Jérôme, roi de Westphalie*. Tête laurée à g. ℞. 10 FRANK. 1810. Or. TB.

256 *Louis-Napoléon, roi de Hollande*. Tête à g. ℞. Ecu écartelé, 1810. pièce de 5 florins. Or. FDC.

257 — Ecu de 50 stuyvers. Tête à dr. 1808. Arg. FDC.

258 *Joseph-Napoléon, roi des Deux-Siciles*. Tête nue à g. ℟. Ecu couronné. 1808. Ecu de 120 grani. Arg. TB.

259 — *Roi d'Espagne*. Tête à g. 1810. ℟. Ecu couronné, 20 réaux. Arg. TB.

260 *Joachim Murat, Grand-duc de Berg*. Tête à dr. Petit écu. 1806. Arg. TB.

261 — *Roi des Deux-Siciles*. Tête à g. ℟. DODICI CARLINI. 1810. Arg. TB.

262 — Autre, tête à dr. 1813. ℟. Ecu. 5 lire. Arg. TB.

263 *Charles-Louis et Marie-Louise, rois d'Etrurie*. Bustes accolés à dr. ℟. Ecu couronné. 1807. Grand écu. Arg. TB.

264 *Charles, prince d'Isembourg*. Tête à g. ℟. 12 KREUZER. 1811. FDC.

265 **Monnaies de nécessité**. *Hambourg*. 32 schillinge, frappé par le maréchal Davoust. 1808.— Autre plus petit, 1809. Arg. Ens. 2 p. TB.

266 *Majorque*. 20 sous. Ecu couronné. ℟. 30 S. — FER. — VII. — 1808 en quatre poinçons. Arg. TB.

267 *Girone*. FER. VII dans un poinçon. ℟. GNA. 1808. UN DURO, dans un poinçon. (Maillet, pl. 42. 10.) Arg. TB.

268 *Barcelone* (occupation française). Ecu en losange. ℟. BARCELONA. 20 PESETAS. 1812. Or. FDC.

269 Pièce de 5 pesetas. 1813. (M. pl. 12. 29). Arg. FDC.

270 Deux pesetas 1/2, 1809. — Peseta, 1813. Arg. — 4 quartos, 1810 — 2 quartos, 1813. — 1 quarto. 1809. Cuivre — Ens. 5 p. TB.

271 **Restauration**. Le duc et la duchesse de Berry visitent la Monnaie. Leurs écus accolés. 1817 Cuivre. TB.

272 Monsieur, frère du roi (plus tard Charles X), visite la Monnaie. Son buste en uniforme à g. 1818. Cuivre. TB.

273 L'Administration des monnaies à S. Exc. M. Roy, 1820. Monogramme. Cuivre, TB.

274 Tête de Charles X à g. ℟. le prince de Salerne et madame, duchesse de Berry visitent la monnaie. 1825. Arg. module de la pièce de 5 francs. TB.

275 Le duc de Bordeaux visite la monnaie. 1828. Ecu couronné. Cuivre TB.

276 Le roi et la reine des Deux-Siciles visitent la monnaie. Leurs écus accolés, 1830. Cuivre. TB.

277 **Louis-Philippe**. Tête à dr. ℟. S. M. Louis-Philippe visite la monnaie de Rouen, le 18 mai 1831. Arg. mod. de la pièce de 5 fr. TB.

278 2 Francs, 1832. — 1 Franc, 1845. — 1/2 Franc, 1837. — 50 cent. 1847. — 1/4 Franc, 1836. Arg.— Ens. 5 p. FDC.

279 **Napoléon III.** *5 francs*. 1854. tranche lisse. Or. FDC.

280 — La même pièce, 1854, tranche cannelée. Or. FDC.

281 Lot de monnaies françaises. Arg. et Br.

282 **Papier-monnaie.** *Banque de Law.* Billet de cent livres.

283 *Siège de Lyon.* Cinq livres, 25 et 5 sous. Ens. 3 p.

284 *Billet de confiance des fabriques d'Albi*, 30, 10 et 5 sous. — Ens. 3 p.

285 *République romaine.* 10 Paoli. 3 p.

## MONNAIES ÉTRANGÈRES

286 **Malte.** *Emmanuel Pinto*, grand maître. Ecu de 30 tari, 1757. Arg. B.

287 *Emmanuel de Rohan*, pièce de 20 écus d'or, 1778. Or. FDC.

288 — Pièce de 10 écus, 1782. Or. FDC.

289 Ecu de 30 tari, 1781. Arg. TB.

290 *Ferdinand de Hompesch.* Ecu de 30 tari, 1798. Arg. TB.

291 Ecus de 15 tari d'Emmanuel Pinto, 1772 et de Ferdinand de Hompesch, 1798. Arg. — Ens. 2 p. B. et TB.

292 **Bavière.** *Louis Ier*. Cronenthaler, 1826. Arg. FDC.

293 *Louis II.* Thaler pour la paix, 1871. Arg. FDC.

294 **Brandebourg-Anspach.** *Alexandre.* Thaler de 1777. Arg. TB.

295 **Hesse.** *Louis II*, grand-duc. Double thaler de 1844. Arg. TB.

296 **Hohenlohe.** *Wolfgang-Jules.* Thaler de 1697. Buste cuirassé, tenant l'écu. ℟. Chevalier. Arg. TB.

297 **Lubeck.** MONETA. NOVA. LVBECENSIS, 1559. Double aigle. ℟. CIVITATIS. IMPERIALIS. Buste de Saint-Jean Baptiste sur l'écu de la ville. Thaler. Arg. B.

298 Thaler du jubilé de la Confession d'Augsbourg, 1730. Arg. TB.

299 **Nuremberg.** Trois écussons. ℟. Vue de la ville, 1680. Thaler Arg. TB.

300 **Prusse.** *Frédéric-Guillaume III.* Thaler de 1814. Arg. TB.

301 *Frédéric-Guillaume IV.* Double thaler de 1856. Arg. FDC.

302 **Salzbourg.** *Paris, comte de Lodron*, archevêque. Thaler de 1620. Arg. TB.

303 *Jérôme, prince de Colloredo*. Thaler de 1785. Arg. TB.

304 **Saxe**. *Jean-Georges*. Thaler de 1619. L'électeur à cheval. ℞. Légende en 12 lignes. Arg. FDC.

305 Thaler de 1631. Buste cuirassé. ℞. Ecu armorié. Arg. TB.

306 **Tyrol**. *Rodolphe II*. Thaler de 1609. Buste cuirassé. ℞. Ecu armorié. Arg. FDC.

307 *Léopold*. Double thaler. Buste lauré. ℞. Aigle. Arg. FDC.

308 Thaler. Même buste. ℞. Ecu armorié. Arg. TB.

309 *Charles VI*. Thaler de 1715. Arg. FDC.

310 **Wurtemberg**. *Guillaume Ier*. Cronenthaler de 1825. Arg. TB.

311 **Norwège**. *Charles XIV Jean* (Bernadotte). Species-daler de 1826. Arg. FDC.

312 **Angleterre**. *Georges III*. Crown au Saint-Georges, 1820. Arg. FDC.

313 *Sainte-Lucie*. (Occupation anglaise.) Milieu d'une piastre de Charles IV, 1799, coupée en trois, contremarquée : S. LUCIE. Valeur 9 escalins. (Zay. 72.) Arg. TB.

314 *Iles Vierges*. Portion centrale circulaire d'une piastre de Charles IV, contremarquée S. VI. Arg. TB. Rare.

315 **Espagne**. *Don Carlos*. 5 pesetas. Tète laurée à dr. ℞. DIOS. PATRIA. Y. REY, 1874. Ecu couronné. Tranche lisse. Arg. FDC.

316 Variété, 1874 sous la tête. ℞. HISPANIARUM REX. Même écu. Tranche cannelée. Arg. FDC.

317 **Pays-Bas**. *Flandre*. Louis de Male. Lion d'or. Lion heaumé assis à g. devant un édifice gothique. ℞. Croix cantonnée de F-L-A N dans une rosace. Or. Superbe.

318 Philippe II. Demi-écu daldre de 1563. Buste à dr. Frappé à Bruges. Arg. TB.

319 *Brabant*. Philippe II. Ecu daldre de 1575. Buste à g. Frappé à Anvers. Arg. TB.

320 *Provinces-Unies*. Leicester-daldre de 1586. Buste lauré du prince d'Orange. ℞. Sept écus. Arg. TB.

321 Ducaton de 1790. Arg. FDC.

322 *Groningue*. Ecu de 1683. Arg. FDC.

323 *Hollande*. Piétort de l'Ecu de 1693. Arg. FDC.

324 Le lion Belgique. ℞. HOLLANDIA, 1754. Essai en or du dute. FDC.

325 *Utrecht*. Ecu de la ville. ℞. STAD UTRECHT, 1755. Essai en or du dute. FDC.

326 Ecu au cavalier, 1782. Arg. FDC.

327 **Papes.** *Eugène IV.* Carlin. Le pape assis. ℟. Clefs. Arg. B.

328 *Clément VI.* Demi-écu frappé à Bologne avec l'argent des vases sacrés, 1529. Arg. TB.

329 *Innocent XII.* Ecu de 1693. Buste à dr. ℟. L'Archange Saint-Michel. Arg. TB.

330 *Clément XI.* Ecu de 1707. Buste à g. ℟. Le pape en prières, demandant la paix. Arg. FDC.

331 *Benoît XIV.* Ecu de 1753. Buste à dr. ℟. La Vierge. Arg. FDC.

332 *Pie IX.* Scudo, 2 lire, 1 lira, 10 soldi. Arg. — Ens. 4. p. FDC.

333 **Montferrat.** *Guillaume Ier.* Teston. Buste coiffé à g. ℟. Armes. Arg. TB.

334 **Florence.** *Cosme Ier de Médicis.* Teston. Buste à dr. ℟. Saint Jean-Baptiste. Arg. TB.

335 *Cosme III.* Grand écu de 1680. Buste à dr. ℟. Le baptême du Christ. Arg. TB.

336 **Raguse.** Ecu de 1736. Buste de saint Benoît à dr. ℟. Armoiries. Arg. TB.

337 **Corse.** *Paoli.* 10 soldi. 1766. Billon. B.

338 10 soldi. 176... Billon. B.

339 4 soldi. 1762, 3 variétés. — 1763, 2 var. — 1764 — 1765. — Ens. 7 pièces. Cuivre. B. et TB.

340 2 soldi. 1762. — 1766, 3 var. Cuivre. — Ens. 4 p. TB.

341 8 denari, 1762. Cuivre. TB. Très rare.

342 **Suisse.** *Berne.* Ecu de 1798. Arg. FDC.

343 *Bâle.* Ecu de tir. 1879. *Fribourg.* Tir fédéral. 1881. Arg. — Ens. 2 p. TB.

344 *Zurich.* Ecu de 40 batz de 1813. Arg. FDC.

345 **Portugal.** *Jean II.* Cruzade + IOHANES : II : R : P : ET : A : D. GVINE. Ecu couronné. ℟. Même lég. Croix. (Var. de T. A. pl. XII. 2.) Or. TB.

346 *Emmanuel Ier.* + I : EMANVEL : R : PORTVGALIE : AL : C : VL : IN : D : G. En 2e légende EN : C ETHIOPIE : ARABIE : PERSIE : IN : Ecu couronné de Portugal, accosté de deux annelets. ℟. +N :: HOC :: SIGNO :: VINCES :: Croix de l'ordre du Christ, surmontée de trois points. (Var. de Texeira de Aragao, pl. XIII. 2.) Portuguez d'or. 35%. B. Extrêmement rare.

347 Cruzade. + EMANVEL : P : R : P : ET : A : D : GVINEE. Ecu couronné. ℟. Même lég. avec GVIN. Croix. (Var. de T. A., pl. XIII. 4.) Or. TB.

348 *Jean Ier*. Réal (pl. VII. 8). Bill. — *Emmanuel Ier*. Teston (pl. XIV. 7). Id. (pl. XIV. 9). Arg. — Ens. 3 p. B.

349 Testons (pl. XIV. 7). Arg. 3 variétés. B.

350 Teston. Ecu couronné accosté de P—V. ℟. Croix cantonnée de quatre étoiles (pl. XIV. 8). Arg. TB. Rare.

351 *Jean III*. Cruzade. + IOA : III : POR : ET : AL : R : D : G : Ecu couronné. ℟. + IN : HOC : SIGNO : VINCIS. Croix sur un calvaire. (T. de A. pl. XV. 6). Or. TB.

352 Variété. + IOA : NI : POR : ET : AL : R : D : GE. ℟. + : IN : HOC SINO AINDS. Or. TB.

353 Testons. Ecu accosté de V—L. (pl. XV. 10). — Id. R—L et fleurons (14). — Id. R—L et trois points (18). Arg. — Ens. 3 p. TB.

354 *Sébastien*. Moëde de 500. + SEBASTIANVS : I : REX : PORTVG. Ecu couronné. ℟. IN : HOC : SIGNO : VINCES. Croix. (T. de A. XIX. 7). Or. TB.

355 **Brésil**. *Joseph Ier*. 4000 réis. JOSEPHUS. I. D. G. PORTUG. REX. Ecu de Portugal. ℟. ET. BRASILIÆ. DOMINUS. ANNO. 1776. Croix. (Meili. 139 var.) Or. TB.

356 320 reis. 1751. (M. 214 var.) — 300 reis. 1754. Armes en contremarque. — Id. 1755. Deux contremarques. Arg. — Ens. 3 p. B.

357 *Jean VI, régent*. 960 reis. 1811, 1812, 1813. Arg. 3 p. TB.

358 Autre de 1816. — *Jean VI, roi*. 960 reis. 1817, 1818. Arg. Ens. 3 p. TB.

359 Autres : 1819, 1820, 1821. Arg. — Ens. 3 p. TB.

360 *Pedro Ier*. 960 reis 1824. *Pedro II*. 2000 reis. Sa tête à g. 1869. — Petite pièce contremarquée d'une couronne. Arg. Ens. 3 p. TB.

361 *Monnaie de nécessité*. CEARA dans une étoile en contremarque sur 80 reis. (M. pl. 9. 60.) Cuivre.

362 MORRO VELHO 1848 dans un cercle fleuronné. ℟. 80 REIS en creux dans le même cercle. Plomb.

363 Lot de monnaies portugaises, brésiliennes, italiennes, etc. Arg. 68 p. B. TB. et FDC.

364 Grand lot de monnaies étrangères, principalement portugaises et brésiliennes. Br.

## MÉDAILLES

365 **Louis XIV.** *Le roi se condamnant lui-même.* Sa tête à g., signée *Molart.* R'. FISCVS. CAVSA. CADENS. La Justice présentant ses balances au roi, qui les équilibre. Au bas: AEQVITAS OPT. PR. MDCLXXXII. Arg. 58%. Magnifique pièce à FDC.

366 **Louis XV** *Son mariage avec Marie Leczinska à Fontainebleau.* 1725. Bustes affrontés. ℞. Evêque bénissant leur union. Arg. 40%, par *Duvivier.* FDC.

367 *Arbitrage entre la Russie, la Turquie et l'Allemagne.* Tête à dr. signée F M. ℞. La France assise, pacifiant les nations. Arg. 40%. TB.

368 *Second mariage du Dauphin avec la princesse de Saxe.* 1747. Même tête. ℞. Ange apportant l'écu de Saxe sur l'autel de l'Hyménée. Arg. 40%. FDC.

369 — Même pièce d'un module inférieur. Arg. 30%. FDC.

370 *Paix d'Aix-la-Chapelle.* 1748. REDVNIVNTVR. Cœur entouré de huit écussons. ℞. E. SUPERIS. ASTRÆA. REDVX. BONA SÆCVLA REDDENS. Allégorie et autel de la Paix. Arg. 43%. FDC.

371 — Buste cuirassé du prince d'Orange à dr., signé *M. Holtzhey.* ℞. Le précédent. Arg. 43%. FDC.

372 — Mars menaçant une ville. ℞. La Paix. MDCCXLVIII. Arg. 32%. TB.

373 CAROL. DE SECONDAT BARO DE MONTESQVIEV. Son buste drapé à g. ℞. HINC IVRA. 1753. La Justice debout et la Vérité dans les nuages, écrivant l'Esprit des lois. Cuivre doré. Signé *Dassier.* 61%. FDC.

374 *Erection d'une statue équestre.* 1754. Tête de Louis XV à dr., signée *J. Du Vivier.* ℞. Ecu de Paris et lég. en dix lignes. Sur la tranche: *C.-E. de la Fresnaye,* etc. Arg. 41%. TB.

375 *Victoire de Saint-Cast.* 1758. Buste du roi. ℞. La Bretagne et Mars, Br. 61%. TB.

376 *Société des Sciences et des Arts de Metz.* 1760. Buste de Ch. Louis Foucquet, duc de Belle-Isle, à g., signé *J.C. Roettiers.* Br. 49%. TB.

377 *Les six corps des marchands.* 1763. Statue équestre. ℞. Entrée d'un port. Signé *B. Du Vivier.* Bronze, 74%. TB.

378 *Prix de l'Académie de Marseille*. 1766. Buste du duc de Villars à g., signé *B. Duvivier*. ℞. Génie debout. Br. 52 %. TB.

379 *Fondation de l'Ecole militaire*. 1769. Buste du roi, signé *B. Duvivier*. ℞. Vue de l'Ecole militaire. Br. 62 %. TB.

380 *Mariage de Monsieur et de Marie-Josèphe de Savoie*. 1771. Buste de Charles-Emmanuel à dr. ℞. Bustes affrontés des deux époux. Arg. 49 %. TB.

381 *Prix de peinture*. Buste du roi lauré à dr., signé *J.-C. Roettiers*. ℞. Atelier d'enfants. Br. 51 %. FDC. Jolie médaille.

382 *Suppression de l'Ordre des Jésuites*, en Portugal, en France et en Espagne, 1773, Buste de Clément XIV à dr. ℞. La Religion assise sur le globe terrestre. (Texeira de Aragao, t. 2 p. 94). Arg. 39 %. FDC.

383 **Louis XVI**. *Avènement*. 1774. Tête à dr., signée *Berckel*. ℞. CONSOLATORI SUO. La France tournant le dos au tombeau de Louis XV, brûle des parfums. Au bas : REGI ET DOMUI AUGUSTI SANITATE RESTITUTA INITIIS REGNI. Arg. 39 %. FDC.

384 *Sacre du roi*. 1775. Arg. 40 %. FDC.

385 *Le Parlement rendu aux vœux de la nation*. 1775. Prisonniers délivrés par les commerçants de Toulouse. Arg. 41 %. FDC.

386 *Triple jonction des deux mers par la Bourgogne*. 1783. Buste du roi à dr., par *Du Vivier*. Au bas COMITIA BURGUNDIÆ. ℞. La Saône, le Rhin, le Rhône et la Loire, mêlant leurs eaux. Br. 72 %. TB.

387 *Ascension au Champ-de-Mars*. Bustes accolés des frères Montgolfier à g., signé *Gatteaux*. ℞. Aérostat dans les nuages. Br. 41 %. TB.

388 *Ascension à Lyon du « de Flesselles »*. 1784. Victoire sur un lion, regardant un aérostat. ℞. Légende en 14 lignes. Br. 41 %. TB.

389 *Fondation à l'hôpital Beaujon*. 1784. Bustes du roi à dr., signé *B. Duvivier*. ℞. Légende en 9 lignes. Argent, 41 %. FDC.

390 *Jonction souterraine de l'Escaut à la Somme*. 1785. Buste habillé et drapé à dr. ℞. Allégorie. Br. 55 %. FDC.

391 *Naissance du duc de Normandie*. 1785. Buste accolés du roi et de la reine à g. *Duvivier*. ℞. Allégorie. Br. 41 %. TB.

392 *Canal de la Saône à l'Yonne*.. 1785. Buste du roi à dr. de *Du Vivier*. ℞. Quatre fleuves. Br. 55 %. TB.

393 *Assemblée des électeurs de Paris.* 1789. Buste du roi à g. ℞. La Liberté debout. Arg. 45 m/m. FDC.

394 *Etablissement de la Mairie de Paris.* 1789. Buste habillé du roi. ℞. La ville de Paris entourée d'attributs. Cuivre doré. 52 m/m. FDC.

395 LIN IMMORTEL NECKERS. Buste de Necker habillé à g. ℞. LE PÈRE DU PEUPLE 1789 dans une couronne (H. 53). Etain 44 m/m. TB.

396 *Fédération des Français*, 14 juillet 1790. Faisceau sur un autel fleurdelisé (H. 155). Etain 35 m/m. B.

397 *Médaille de Palloy* (1791). Buste de Louis XVI à g. ℞. POUR LE SOUTIEN, etc. Plus bas : CETTE MÉDAILLE PROVIENT DES CHAINES, etc. (H. 296 var.) Deux plaques de fer dans un cercle de cuivre, 72 m/m. TB.

398 *Les adieux du Temple.* 21 janvier 1793. Bustes accolés du roi et de la reine à dr. ℞. Le roi environné de sa famille, signé *C. H. Kuchler*. Br. 47 m/m. FDC.

399 *Exécution de Louis XVI.* 1793. Mêmes bustes. ℞. Vue de l'échafaud sur la place de la Concorde. Br. 51 m/m. FDC.

400 — Buste du roi à dr. ℞. La France éplorée assise et tenant une urne. (H. 467). Arg. TB.

401 — Buste du roi habillé à g. ℞. VINDICTA NEFANDI CRIMINIS. Guerrier combattant une Chimère qui tient la tête du roi. (TN. pl. 41. 4). Etain, 46 m/m. TB.

402 *Exécution de la reine.* 1793. Buste de Marie-Antoinette à g. ℞. La reine dans la charette. Br. 48 m/m. FDC.

403 *Exécution du roi et de la reine.* 1793. Légendes allemandes. Têtes accolées à g. ℞. L'échafaud encadré de soldats. Arg. 33 m/m. FDC.

404 *Reddition de Valenciennes au duc d'York.* 1793. Buste lauré du duc à g. ℞. Légende au dessus d'un trophée. Etain 38 m/m. FDC.

405 *Evacuation de la Belgique par les Français.* 1793. Buste du prince de Cobourg à dr. signé *Baldenbach*. ℞. Le prince entre la Belgique et la Victoire (H. 497). Arg. 47 m/m FDC.

406 *Prise de Mayence.* 1793. Légendes allemandes. La Germanie couronnant un guerrier. Signé *Krüger*. (H. 521). Arg. FDC.

407 *Bataille de Millésimo, combat de Dégo.* An IV. Hercule assomant l'Hydre. (H. 732 ; M. pl. 1. 2.) Arg. 43 m/m. FDC.

408 *Ferdinand IV*, roi des Deux-Siciles. 1797. Son buste casqué à dr. ℞. Femme couronnant un guerrier. (M. pl. 2. 132). Arg. 36 m/m. TB.

409 *Bonaparte Premier Consul.* Son buste nu à dr. signé *Andrieu*. ℞. A LA FIDÉLITÉ dans une couronne. (M. pl. 17, 56). Br. 38 ᵐ/ₘ. TB.

410 *Méd. de mariage.* Buste en uniforme à dr., signé *Andrieu.* ℞. Allégorie de l'hyménée (TN. pl. 82. 6). Arg. 41 ᵐ/ₘ. TB.

411 *Le général Souwaroff.* 1799. Son buste cuirassé à dr. ℞. ITALIÆ LIBERATOR. Mars entre un captif et l'Italie. (H. 903). Bronze 48 ᵐ/ₘ. TB.

412 *Prix de mérite de la ville de Brescia.* 1799. Figure allégorique assise. Br. 51 ᵐ/ₘ. FDC.

413 *Espoirs de Paix.* 1800. Lég. allemandes. Femme agenouillée devant un autel. ℞. Inscription en 22 lignes. Etain 43 ᵐ/ₘ. TB.

414 *Le département du Rhône* à la mémoire des braves. An VIII. La Renommée. (TN. pl. 79. 2). Arg. 32 ᵐ/ₘ.

415 *Bataille de Marengo.* 1800. Buste de Bonaparte à g. (M. pl. 8. 25. — Buste de Desaix à dr. (M. pl. 8, 26). Br. 49 ᵐ/ₘ. Ens. 2 p. TB.

416 *Paix de Lunéville.* 1801. Buste de Bonaparte à g. signé *Droz*. Soleil sur un hémisphère. (M. pl. 11. 42; TN. pl. 82. 3). Br. 55 ᵐ/ₘ. FDC.

417 — Buste à dr., signé *Bücklé.* ℞. Victoire planant à g. (M. pl. 38. 52). Etain 40 ᵐ/ₘ. TB.

418 — Allégorie de l'industrie. ℞. Guerrier laboureur. (TN. pl. 83. 5.) Arg. 41 ᵐ/ₘ. FDC.

419 — Médaille allemande. Mars et Mercure. ℞. La France et l'Allemagne se donnant la main. (TN. pl. 84. 2). Etain 42 ᵐ/ₘ.

420 — Buste de Bonaparte à dr. ℞. La Paix debout. (M. pl. 12. 41). Br. 41 ᵐ/ₘ. — Au roi d'Etrurie. 1801. Epée et Code. ℞. Génie. (M. pl. 11 133). Br. 33 ᵐ/ₘ. — Ens. 2 p. FDC.

421 *Arrivée de l'armée anglaise en Egypte.* 1801. Buste de face de sir Abercromby. ℞. Cheval. Br. 40 ᵐ/ₘ. FDC.

422 *Le général Brune.* An IX. Buste à g. par *Salvirch.* ℞. Légende en 9 lignes. Br. 53 ᵐ/ₘ. FDC.

423 *Lavoisier* par Dupré, an X. Buste à dr. ℞. Inscription en 11 lignes. Br. 41 ᵐ/ₘ. FDC.

424 *L'Empereur couronné roi d'Italie.* 1805. Sa tête laurée à g. ℞. Napoléon et l'Italie. (M. pl. 33. 97; TN. pl. 7. 7). Arg. 42 ᵐ/ₘ. FDC.

425 *Entrevue de Napoléon et de François II.* 1805. (M. pl. 35. 111). — *Actions de grâces pour la paix.* (M. pl. 34. 114). — Ens. 2 p. Br. 41 ᵐ/ₘ. TB.

426 *Saliceti, protecteur des Beaux-Arts*. 1805. Buste de face. ℞. Inscription en 4 lignes. (TN. pl. 12. 1.) Br. 47 m/m. FDC.

427 *Entrée de la reine Julie à Naples*. 1808. Têtes accolées à dr. de Joseph Napoléon et de Julie. ℞. Cheval. (M. pl. 59.364; TN. 25. 4.) Br. 41 m/m. FDC.

428 *L'Espagne soulevée contre les Français*, 1808, et fidélité des colonies. Buste de Ferdinand VII en uniforme à dr. ℞. SIEMPRE FIDELES Y SIEMPRE UNIDOS. Aigle et lion sur des armes. Arg. 50 m/m. FDC.

429 *Le roi de Saxe visite la Monnaie*. 1809. (M. pl. 45. 250). Br. 40 m/m. FDC.

430 *Bataille de Talavera*. 1809. Buste de Wellington. Br. 41 m/m. FDC.

431 *Mariage de Napoléon et Marie-Louise*. 1810 (M. pl. 46.258). Br. 42 m/m. FDC.

432 — Médaille frappée par le Conseil municipal de Lyon. Les bustes impériaux à g. ℞. La ville de Lyon debout écrivant VOT. LVG. au dessus d'un autel (M. pl. 70, 462; TN. pl. 39, 9). Arg. 48 m/m FDC.

433 *Visites à la monnaie*. 1810. Le Roi et la Reine de Bavière (M. pl. 45, 253; TN. pl. 38, 1). Br. 40 m/m. — Le grand duc de Wutzbourg (M. pl. 46, 264). Br. 33 m/m. — Ens. 2 p. FDC.

434 *Naissance du Roi de Rome*. 1811. Bustes affrontés de Napoléon et Marie-Louise sur un aigle. ℞. Génie apportant un enfant (TN. pl. 50, 1). Arg. 48 m/m. Frappé à Vienne par *Stuckhart*. FDC.

435 *La Princesse Elisa*. 1811 (M. pl. 69, 453). Br. 36 m/m. FDC.

436 *Décoration hollandaise*. 1813. VOOR VADERLAND EN ORANJE. Deux épées croisées. ℞. XVII NOVEMBER MDCCCXIII dans une couronne. Arg. 29 m/m. FDC.

437 *Prise de San Sebastian*. 1813. Tête de lord Lynedoch à dr. ℞. Guerrier. Br. 40 m/m. FDC.

438 *Médaille de mariage*, 1813. Deux amours tressant des couronnes. ℞. Guirlande et inscription en 8 lignes. Tranche inscrite (M. pl. 42, 225). Arg. 40 m/m. TB.

439 *Armements*. 1813. La France et l'Italie arment 1.200.000 hommes. Tête laurée de Napoléon à dr., signée DROZ. ℞. Montagne escarpée (M. pl. 51, 283; TN. pl. 58, 9) Br. 40 m/m. FDC.

440 *Siège de Naerden*. 1814. Médaille décernée à F. de Bruin. Arg. 38 m/m. FDC.

441 *Napoléon*. Sa tête laurée à dr. signée *Andrieu*. ℟. FEVRIER MDCCCXIV. Aigle (M, pl. 52, 285). Br. 51 m/m. *François Ier*, empereur d'Autriche, visite la monnaie. 1814. Br. 40 m/m. — Ens. 2 p. FDC.

442 *Frédéric-Guillaume III*, roi de Prusse, visite la monnaie. 1814. Arg. 40 m/m. B.

443 *Alexandre Ier*. Sa tête laurée à dr. sous un triangle rayonnant. ℟. Légende russe : Entrée à Paris le 19 mars 1814; dans une couronne. Arg. 22 m/m. TB.

444 *Bataille de Toulouse*. 1814. BRITANNIA. Tête casquée à g. ℟. Wellington près d'un trophée MDCCCIV *(sic)* (TN. pl. 61, 4). Br. 40 m/m. FDC.

445 *Paix en Europe*. 1814. Bustes à dr. des quatre souverains alliés. ℟. La Paix debout. Br. 48 m/m. FDC.

446 *L'Angleterre donne la paix au monde*. 1814. Buste du régent Georges. ℟. La Victoire et l'Angleterre. Br. 40 m/m. FDC.

447 *Restauration de Louis XVIII*, 24 avril 1814. TB.

448 *Entrée de Louis XVIII à Paris*, 3 mai 1814. Buste nu à dr., signé *Galle*. ℟. La ville de Paris recevant le roi devant la statue d'Henri IV. Arg. 68 m/m. FDC.

449 *Wellington*. Médaillon-boîte à son buste, renfermant un dépliant portant les noms de ses victoires en Espagne et en France. Br. 48 m/m. TB.

450 *Waterloo*, 18 juin 1815. Tête de Wellington à dr. Br. 40 m/m. FDC.

451 *Napoléon à bord du Béllerophon*. Son buste en uniforme à dr. ℟. Vaisseau, au bas XV. JULY. MDCCCXV. (TN. pl. 67, 2). Br. 40 m/m. FDC.

452 *Les Prussiens à Paris*, 1815. Légendes allemandes. Aigle (TN. pl. 67, 9). Arg. 37 m/m. FDC.

453 *Aloyse Sacco*, professeur de médecine à Milan. Buste à g. JENNERI. ÆMULO. AMICI. BONONIENSES. Br. 55 m/m. FDC.

454 *Société des Arts de Genève*. Génie debout. ℟. DÉCERNÉ PAR LA SOCIÉTÉ DES ARTS DE GENÈVE dans une guirlande. Arg. 48 m/m. TB.

455 *Bonaparte*. *médaille de Rogat* (1839). Buste en uniforme et chapeau à g. ℟. Légende en 21 lignes au-dessus de montagnes. Br. 50 m/m. FDC.

456 *Translation des cendres*, 15 décembre 1840, méd. de *Montagny*, Br. 51 m/m. FDC.

457 **Louis XVIII.** *Canal de Craponne*, 1820. Br. 40 m/m. *Les princes de Danemark* visitent la monnaie, 1822. 41 m/m. — Ens. 2 p. FDC.

458 **Charles X.** *Troussel fils*, médecin à Arras 1826, sur la tranche d'une médaille de Charles X, ℞. LA VACCINE MDCCCIV. Esculape protégeant Vénus. Arg. 41 m/m. FDC.

459 *Médaille de sauvetage*, avec la tête de Charles X à g. décernée à François, menuisier, à Damas (Vosges), 1830. Arg. 41 m/m. TB.

460 **Louis-Philippe.** *Chambre des Pairs*. Tête du roi à dr., signée DEPAULIS. ℞. M. le duc Decazes. Arg. 56 m/m. FDC.

461 *Mariage du duc d'Orléans* avec Hélène de Mecklembourg-Schwerin. 1837. Leurs têtes acolées à g. ℞. La ville de Paris assise de face. Arg. 51 m/m. FDC.

462 *Médaille de récompense* au buste de Louis-Philippe, à dr. décernée a M. Douville, instituteur à Montdidier (Somme) 1843. Arg. 51 m/m. FDC.

463 *Médaille de sauvetage*, au buste de Louis-Philippe à g., décernée à Collin, matelot, 1844. Arg. 43 m/m. FDC.

464 *Tir à l'arc*, 1845. Ville de Beaumont-sur-Oise, 2me compie d'Arc, (en creux). Arg. 36 m/m. B.

465 *Médailles maçonniques*. Lyon. 5824. C. doré 40 m/m. — Paris, 5833. Cuivre. 41 m/m. — Ens. 2 p. TB.

466 *Médaille de récompense* avec bélière, 1849 décernée au docteur Louyer par le ministère de l'agr. et du commerce pour son dévouement lors du choléra. Arg. 51 m/m. TB.

467 *Congrès de la paix*, à Londres, 1851. Colombe messagère. ℞. Légende en 11 lignes. Arg. 51 m/m. FDC.

468 *Médaille de Crimée* avec bélière, 1855-1856, pour les soldats piémontais. Tête de Victor-Emmanuel II à g. Arg. 36 m/m. B.

469 **Napoléon III.** *Hôtel-Dieu de Nantes*, 1856. Tête à g. ℞. Vue cavalière de l'Hôtel-Dieu. Br. 68 m/m. TB.

470 *Médaille de député*. Tête nue à g. signé *Barre*. ℞. CORPS LÉGISLATIF, SESSION DE 1859. DE MONTJOYEUX (NIÈVRE). Arg. 50 m/m. FDC.

471 Tête laurée à g., signée *Caqué*. ℞. id. 1862, LE COMTE DE ROCHEMURE (ARDÈCHE). Arg. 50 m/m.

472 Tête laurée à dr., signée *Barre*. ℞. ibid. 1866. VILCOCQ (AISNE). Arg. 50 m/m. FDC.

473 *Prix de tir*. Arquebuse de Château-Thierry, 1860. Arg. 40 m/m. TB.

474 *Saint-Julien.* Première pierre de l'Hôpital St-Joseph, 1862. Br. 50 m/m.

475 *Statue de Napoléon I à Rouen*, 1865. Tête de Napoléon III à g., par *Alphée Dubois.* ℞. Statue équestre sur un piédestal. Arg. 63 m/m. FDC.

476 *Médaille de sauvetage* avec tête de Napoléon III laurée à dr., décernée à Louis Ledoux, maître de port, 1868. Arg. 43 m/m. FDC.

477 *Médaille de 2e classe.* Comité central de vaccine du dép. du Nord. Tête laurée à g. Arg. 37 m/m. TB.

478 *Siège de Paris.* 1870-1871. Jeton de présence. Germeuil-Manaut. Arg. 37 m/m. TB.

479 *Bismarck.* Buste casqué à g. par Bovy. Arg. 44 m/m. FDC.

480 *Société française de secours aux blessés.* 1875. Croix. ℞. Concours pour le matériel des ambulances, Arg. 50 m/m. TB.

481 *Bataille de Coulmiers.* Monument. 1876. Br. 50 m/m. TB.

482 *Comptoir d'Escompte de Paris.* Médaille de Pillet. Vue de de la grande salle. Arg. 44 m/m. TB.

483 *Conseil d'arrond. de la Seine.* 1885. Tête de la République à dr. ℞. La Seine assise à g. Médaille de *Chaplain.* Arg. 50 m/m. FDC.

484 *Conservatoire de musique.* 2me prix d'opéra-comique. M. Lafarge, 1888. Méd. de *Chaplain.* Arg. 49 m/m. TB.

485 *Romans et Bourg-du-Péage.* Concours colombophile. 1888. Arg. 37 m/m. TB.

486 *Sauvetage.* Tête de République à dr. par *D. Dupuis.* ℞. COMPAGNIE DES MINERAIS DE FER MAGNÉTIQUE DE MOKTA-EL-HADID. Dans une couronne : PUITS DE GAGNIÈRES. SAUVETAGE DES 11 ET 12 AOUT. 1892. Mr ARGENSON. Arg. 50 m/m. TB.

487 *Societé des concerts.* Médaille décernée à M. Seguy, 1892. Tête de Habeneck à g. Arg, 50 m/m. TB.

488 *Médaille de Député.* Buste de la République par Bourgeois. ℞. Faisceau. BAZILLE (VIENNE) 1893. Arg. 50 m/m. FDC.

489 *Ville de Lille.* A LA MÉMOIRE DE TESTELIN ET DE L'ARMÉE DU NORD... Arg. 41 m/m. TB.

490 *Société de tir de Lyon.* 1897. Guerrière assise à g. par *Patey.* Arg. 45 m/m. FDC.

491 *Arquebuse de Melun.* Ecu de la ville. Arg. 41 m/m. TB.

492 *Insignes maçonniques.* 3 p. Arg. et Br.

493 *Conservatoire de musique de Marseille.* Buste de Reyer. Arg. 40 m/m. FDC.

494 *Hospices civils de Marseille.* Vue du port. Au-devant, deux écus. Signé *Gve Martin.* Arg. 50 m/m. FDC.

495 *Union des Sociétés de tir.* Plaquette de *Dupré.* (50 m/m sur 38 m/m). Arg. FDC.

496 *Prix de tir Lyon*, 1904. Chasseur alpin (60 m/m × 40 m/m). Arg. FDC.

497 *Sir John Pope Hennessy.* Son buste à dr. par *Roty.* ℟. LES MAURICIENS RECONNAISSANTS, 1888. Femme assise, saluant un vaisseau en partance Bronze, 68 m/m. FDC.

498 *Chambre de Commerce de Saint-Nazaire.* Jeton octogone par *Roty.* Amphitrite à dr. ℟. La mer et le port, 1879. Arg. 44 m/m. FDC.

499 *Agents de Change de Paris*, par *Roty*, 1672-1898. Arg. 37 m/m. TB.

500 *Villefranche.* Union horticole et viticole, par *Dubois.* Jardiniers. Arg. 36 m/m. FDC.

501 *La Photographie.* Allégorie. Br. 69 m/m. FDC.

502 *Médailles de Rivet.* Jeanne d'Arc. — La course à pied. — L'encouragement à l'étude. — Ens. 3 p. Br. FDC.

## JETONS

503 **Moyen-âge**. *Pêcheurs au filet sur la Seine.* Jeton à l'imitation du Gros tournois de Louis IX. Arg. TB.

504 — Variété : ✠ TIBI. SOLI. DEO. HONOR. ET. GLORIA. Le Christ à mi-corps. ℟. LVDOVICVS. REX. etc. Croix. Cuivre argenté. TB.

505 **Henri III**. *Trésoriers Généraux de France.* 1578. Ecu couronné avec collier. ℟. Balances. C. jaune. B.

506 **Henri IV**. *Conseil du roi.* 1594. Femme nue couchée et lion assis. Arg. TB.

507 — 1604. Grenade. Arg. B.

508 **Louis XIII**. 1610. Grand jeton ou médaille pour la Régence de la reine mère. C. rouge. TB, mais percé.

509 *Conseil du roi.* 1612. Main tenant une fronde sous une couronne. Arg. TB.

510 — 1640. Chardon fleuri. Arg. TB.

511 *Chambre aux deniers.* 1622. NE OFFICIANT. Main tenant une faucille sous trois plants de lis. Arg. TB.

512 *Parties casuelles*. 1633. FIT. CASV. DITIOR. ARCA. Deux mains versant des monnaies dans un coffre fleurdelisé. Arg. TB.

513 *Trésorerie générale des Fermes*. 1636. Deux faux en sautoir. Arg. TB.

514 *Revente des aides*. 1633. HVIC. QVI. VEHET. ALTIVS. ILLAM. Trois tritons soulevant un vaisseau. Arg. B.

515 *Trésorier général des guerres*. 1635. Arc-en-ciel. Arg. TB.

516. *Artillerie de France*. 1639. Ecu aux armes de la Porte de La Meilleraye. ℟. NON SOLO FVLMINE TERRET. Aigle. Arg. FDC.

517 *Menus plaisirs du roi*. 1618. VIS NESCIA VINCI. Cheval et bœuf attelés à un char portant un globe, au-dessus d'une ville. Arg. TB.

518. **Anne d'Autriche**. 1625. Ecu parti de France et d'Espagne. ℟. Deux palmiers. Arg. TB.

519 **Louis XIV**. *Conseil du roi*. 1645. Victoire volant au-dessus de Gravelines. Arg. TB.

520 — 1657. Arc et carquois en sautoir. Arg. TB.

521 — 1658. NASCVNTVR. VBIQVE. Trois lis sur les rochers de Montmédy. Arg. TB.

522 *Conseillers du roi agents de change*. 1711. Tête du roi. ℟. La Prudence debout. Arg. TB.

523 *Conseillers de ville*. 1702. Tête à dr. ℟. Bouquet de fleurs. Arg. FDC.

524 *Secrétaires du roi*. 1691. Tête laurée à dr. ℟. Soleil et essaim. Arg. — Autre de 1701. Arg. — Ens. 2 p. TB.

525 — Autres de 1705 et 1711. — Arg. 2 p. TB.

526 *Trésor royal*. 1677. — 1698. — Ens. 2 p. B. Arg.

527 *Parties casuelles*. 1649. Le roi debout, tenant une massue et foulant une hydre. Arg. TB.

528 — 1706. Glands tombant d'un chêne. Arg. TB.

529 *Chambre aux deniers*. 1695. Portique orné. Arg. TB.

530 *Ponts et chaussées*. 1688. Le Pont royal. Arg. TB.

531 — La même pièce non datée. Arg. TB.

532 *Ordinaire des guerres*. 1699. Deux arcs et deux carquois. Arg. B.

533 *Ordinaire des guerres*. 1683. Paparel trésorier. Grenadier. Arg. TB.

534 *Extraordinaire des guerres*. 1711. Hercule et le centaure enlevant Dejanire. Arg. TB.

535 *Bâtiments du Roi.* 1698. Arg. TB.

536 *Menus plaisirs et affaires de la Chambre.* 1698. Soleil. Arg. B.

537 — 1703. Concert de femmes et d'enfants. Arg. B.

538 *Jetons royaux.* 1668. HERCVLEVS LABOR. Massue et peau de lion contre un mur. Arg. TB.

539 1670. VTROQUE. IVPITER. Pluie d'or et foudres, sortant d'un nuage. Arg. TB.

540 *Ypres.* 1680. Buste cuirassé à dr. ℟. CALCULI. TERRITORY. IPRENSIS. Ecu d'Ypres. Arg. TB.

541 **Louis XV**. *Chambre aux deniers.* 1758. Arg. FDC.

542 *Trésor royal.* 1720. Le Nil couché à g. Arg. TB.

543 — 1725. Le Nil assis à dr. Arg. FDC.

544 — 1727. Vigneron debout à dr. Arg. TB.

545 — 1731. L'Abondance. Arg. TB.

546 — 1732. Une mine et trois mineurs. Arg. TB.

547 *Ponts et Chaussées.* Vue du Pont Royal. Arg. TB

548 *Conseillers du roi et notaires*, 1620. Cadran solaire. Arg. TB.

549 — Variété de la pièce précédente. Arg. TB.

550 *Les 24 violons de la Chambre*, 1751. Tête laurée, signée DUVIV. ℟. NUMERUM SACRAVIT APOLLO. Apollon citharède assis sur un rocher, entouré d'instruments de musique. Arg. FDC. *Inédit.*

551 *Marine*, 1756. Aigle au-dessus des nuages et de la mer. Arg. FDC.

552 *Ordre militaire de Saint Louis.* Saint Louis debout. Arg. 3 p. variées. TB.

553 *Ordre du Saint-Esprit*, 1728. Buste lauré. Arg. TB.

554 — Variété avec la tête laurée. Arg. TB.

555 1770. Le Saint-Esprit dans une gloire. Arg. Octogone. TB.

556 *Extraordinaire des guerres*, 1724. Arg. TB.

557 — 1771. Aigle et aiglons. Arg. FDC.

558 — 1772. Soldat debout. Arg. FDC.

559 *Château de Bellevue*, 1752. Façade du château. ℟. Vue de l'hôtel des monnaies, 1763. Arg. Octogone TB.

560 *Marie Leczinska*, 1743. Buste à g. ℟. Croissant dans un ciel étoilé. Arg. FDC.

561 **Louis XVI**. *Académie royale de chirurgie*, 1751. Tête à dr. Arg. TB.

562 — Variété avec buste drapé à g. Arg. FDC.

563 — Autre avec buste nu à dr., les cheveux longs. Arg. FDC.

564 — Autre avec buste habillé à dr. Arg. FDC.

565 *Ecole de chirurgie*, 1775. Tête à dr. R̸. L'Amphithéâtre d'anatomie. Arg. TB.

566 — Variété avec buste habillé à dr. Arg. FDC.

567 *Académie royale de marine*, 1778. Vaisseau à dr. Arg. TB.

568 *Ordre militaire de Saint Louis*. Saint Louis debout. Arg. FDC.

569 — 1779. Croix de saint Louis entourée d'un cordon. Arg. Octogone. TB.

570 *Ordre du Saint-Esprit*. Buste à dr. avec le manteau royal et le collier. R̸. Collier entourant le Saint Esprit dans une gloire. Arg. Octogone. FDC.

571 *Assemblées du Clergé*, 1775, 1780. — Ens. 2 p. Octogones. Arg. TB.

572 *Maison du roi*. Buste nu à dr. R̸. Deux L cursives entrelacées avec des lis sous une couronne. Arg. Octogone TB.

573 *Compagnie d'Assurances*, 1786. Phénix sur son bûcher. R̸. Lég. en 7 lignes. Arg. Octogone. TB et très rare.

574 **République**. *Caisse d'escompte*, 1797. Coq. C. rouge. TB.

575 **Consulat et Empire**. *Bonaparte premier consul*, 1799-1804. Cuivre TB.

576 *Société médicale*, 1796. Buste d'Hippocrate à dr. (M. pl. 71. 320 — TN. 59. 1.) Arg. Octogone. TB.

577 *Colonie franco-américaine*. Castorland, 1796. Tête de femme voilée à g. R̸. Cérès debout près d'un érable à sucre (M. pl. 1. 130 — TN. 61. 8). Arg. FDC. Très rare.

578 *Caisse d'escompte du commerce*. An VI. La Vigilance debout. (M. pl. 5. 170 — TN. 66. 2.) Arg. Octogone TB.

579 *Tribunal de cassation*. Défenseurs avoués (1800). Code dans une guirlande (TN. pl. 81. 1.). Arg. Octogone. TB. Rare.

580 *Comptoir Commercial*. An X. Serpent autour d'un cippe. R̸. Caducée. (M. 409 A — TN. 92. 9.) Arg. Octogone. TB.

581 *Loge de l'Océan français* (1802). Ancre et triangle. R̸. Aigle. (TN. pl. 93. 15.) C. rouge à 7 pans. B.

582 *Chambre de Commerce de Paris*, 1804. Tête laurée de Napoléon à dr. ℟. Lég. en 6 lignes dans une guirlande (M. pl. 27. 181. — TN. I. 4.) Arg. Octogone. TB.

583 *Ecole de Droit*. An XII. Tête de Napoléon laurée à dr. ℟. Aigle tenant les tables de la loi. (M. pl. 72. 435 — TN. 2. 3.) Arg. Octogone. TB.

584 *Avoués près la Cour d'Appel*. Femme assise à g. ℟. Lampe et code sur une table soutenue par deux aigles. (M. pl. 39, 177 — TN. 15, 12.) Arg. Octogone. TB.

585 *Société médico-philanthropique*, 1806. Cippe, squelette d'animal et coq. (TN. 16, 2.) Arg. TB.

586 *Société d'agriculture* du département de la Seine, 1807. Buste d'Olivier de Serres à dr., signé *Droz* (M. pl. 72, 445, TN. pl. 23, 4.) Arg. TB.

587 *Société de médecine pratique* créée en 1808. Tête d'Hippocrate à g. ℟. Caducée. Arg. petit mod. TB.

588 — Même tête. ℟. Lég. en 5 lignes. Arg. Grand mod. TB.

589 *Ecole de Pharmacie*. Tête d'Esculape à g. ℟. Coq et serpent. Arg. Octogone. FDC.

590 **Personnages**. *D'Angervilliers*. Ecus mariés sous une couronne de marquis. ℟. Lég. en 6 lignes. Arg. B. Rare.

591 *Louis-Stanislas de France*. 1773. Ecu écartelé sur un manteau couronné. ℟. Lég. en 10 lignes. Arg. Octogone. TB.

592 **Paris**. *Claude Le Peletier*, prévôt des marchands. 1674. Ecu de la ville. ℟. TRAIECT. CAPT. Cerbère s'enfuyant par une brèche. Arg. TB. Rare.

593 *C.-R. de Pomereu*. Ibid. 1678. Buste de Louis XIV à dr. ℟. Ecu de Paris. Arg. TB.

594 *Claude Bosc*. Ibid. 1693. Ecu à ses armes. ℟. Tour. Arg. TB.

595 *Arm.-Jér. Bignon*. Ibid. 1766. Son écu tenu par deux anges. ℟. Ecu de Paris. Arg. FDC.

596 *L.-B. de Bernage*, 2e prévôté. 1746. Son écu sur la croix de Saint-Louis. ℟. Ecu de Paris. Arg. TB.

597 *L. Le Peletier*. 2e prévôté. 1786. Son écu entre deux licornes. ℟. Ecu de Paris. Arg. Octogone. TB.

598 — 3e prévôté. 1788. Son écu sur uu cartouche. Arg. Octogone. TB.

599 *La Sorbonne*, fondée en 1253, restaurée en 1642. Buste de face de Robert Sorbon. ℟. Vue de l'édifice. Arg. Octogone. TB.

600 *Les six corps des marchands*. Buste habillé de Louis XVI. ℟. Hercule essayant de rompre un faisceau. Arg. TB.

601 *Contrôleurs des bois à bâtir*. 1732. Buste habillé de Louis XV. ℟. Minerve assise. Arg. Octogone. TB.

602 *Marchands merciers*. 1704. Saint Louis debout. ℟. Trois vaisseaux. Arg. TB.

603 *Communauté des marchandes de modes*. 1777. Ecu de France. ℟. Trois amours. Arg. TB. Joli jeton.

604 *Marchands teinturiers*. Buste habillé de Louis XV. ℟. Le soleil au-dessus de plantes tinctoriales. Arg. TB.

605 *Gardes marchands de vin*. Leur écu. ℟. Coupe sur un autel. Arg. TB.

606 *Comptoir National d'Escompte*. 1848. La République debout. Arg. Octogone. TB.

607 *Association de prévoyance du notariat de France*. 1870. L'Humanité, Minerve et un enfant debout. Arg. Octogone. FDC.

608 *L'Industrie Française*, Compagnie d'assurances maritimes. Femme ailée assise au bord de la mer. Arg. FDC.

609 *Société d'assurances mutuelles maritimes*. 1846. Neptune debout entre Minerve et la Loi. Arg. TB.

610 *Lloyd Français*, Assurances maritimes. 1832. Femme debout. Arg. Octogone. TB.

611 *La Vigie*, Compagnie d'assurances maritimes. 1845. Arg. Octogone. TB.

612 *Le Pilote*, Compagnie d'assurances maritimes. 1852. Arg. TB.

613 *Société de Secours mutuels des cochers*. Ruche. ℟. Char-à-bancs. Arg. avec anneau. TB.

614 *Ecole d'accouchement de Paris.* Prix de bonne conduite. Arg. TB.

615 *Académie Royale de Médecine.* Tête nue de Charles X à dr. Arg. Octogone. FDC.

616 — Autre, tête de Louis-Philippe. Arg. Octogone. FDC.

617 — Variété. Sa tête couronnée de chêne. Arg. Octogone. FDC.

618 *Cercle des Carabiniers.* 1840. Ancienne arquebuse de Paris. Arg. Octogone. FDC.

619 **Villes de France.** *Bayonne.* 1758. Buste lauré de Louis XV. ℞. Ecu. Arg. TB.

620 *Bolbec.* Chambre de Commerce. Arg. Octogone. TB.

621 *Bordeaux.* Chambre de Commerce. 1706. Tête de Louis XIV. ℞. Boussole et gouvernail. Arg. TB.

622 Académie de peinture, etc. 1780. Tête de Louis XVI signée GATTEAUX. ℞. Minerve assise, entourée d'attributs. Arg. TB.

623 — Variété, signée GATT. Arg. TB.

624 *Société de Médecine.* Tête d'Hippocrate à dr. (T. N. Empire pl. 35, 6.) Arg. TB. Rare.

625 La Gironde. Société d'assurances maritimes. 1838. Vaisseau. Arg. TB.

626 *Caen.* Buste lauré de Louis XIV. ℞. LES PRESIDENS TRÉS. GNAUX. DE FRAN. A CAEN. Ecu de France. Arg. TB.

627 La Mutuelle du Calvados. 1844. Femme tenant une bourse. Arg. Octogone. TB.

628 *Cambrai.* Louis XV. 2 p. var. — Louis XVI. 2 p. var. — — Ens. 4 p. Arg. TB.

629 Ecu aux armes de Windischgratz, tenu par deux loups. ℞. CONSILIA PACIS CONCORDIA FIRMET. Urne contenant des lauriers et des cœurs. Au bas CAMERACI. 1722. Arg. TB. Très rare.

630 *Châlons-sur-Marne.* Société d'agriculture, etc., de la Marne, établie an VI. Arg. TB.

631 *Charenton*. Maison royale. Tête couronnée de chêne de Louis-Philippe à g. Arg. TB.

632 — Maison impériale. Tête d'Esculape à dr. Arg. TB.

633 *Dijon*. Guillaume Raviot, vicomte Mayeur. 1772. Ecu à ses armes. Arg. TB.

634 *Dieppe*. La municipalité. 1762. Tête laurée de Louis XV. ℟. Ecu tenu par deux sirènes. Arg. TB.

635 *Fontainebleau*. Chambre des notaires. Tête de Louis XVIII à g. Arg. Octogone. TB.

636 — Autre. Tables de la loi et drapeaux. Arg. Octogone, FDC.

637 — Autre. Tête de Cérès à dr. Arg. Octogone. FDC.

638 — Autre. Tête nue de Napoléon III à g. Arg. Octogone. FDC.

639 — Variété. Tête laurée. Arg. Octogone. FDC.

640 – Autre. La Loi assise de face. Arg. Octogone. FDC.

641 *Ham sur Sambre*. Société des mines de Houille. 1838. Tête couronnée de chêne de Louis-Philippe à g. Arg. Octogone. FDC.

642 *Le Hâvre*. Compagnie d'assurance solidaire. 1783. Buste drapé de Louis XVI à dr. ℟. Hercule et la Prudence debout. Arg. Octogone. FDC.

643 Chambre de commerce, an XI. Armes du Hâvre entourées d'emblèmes. Arg. FDC.

644 *Littry*. Société des mines de Houilles. 1747. Tête de Louis-Philippe à g. Arg. Octogone. FDC.

645 *Lyon*. Arquebusiers. 1741. Armes de Lyon. ℟. Emblèmes guerriers. Arg. TB.

646 — Variété dans les tenants de l'écu. Arg. TB.

647 — Tir à l'arc. Ecu de Lyon. ℟. Apollon, papegai et dragon. Arg. TB. Rare.

648 — La Renommée. ℟. Emblèmes des archers. A l'ex.: ACADEM. SAGITAR. LVGDVD. Arg. TB. Rare.

649 Compagnie de l'Arquebuse de Villeneuve de Lyon. 1770. Ecu. ℟. Arquebuses en sautoir. Arg. TB.

650 Agents de change. 1773. Ecu de Lyon. ℟. Caducée et plume sur des livres. Arg. TB.

651 Commerce de draperie. 1755. Ecu. ℟. La toison d'or, le dragon et le navire Argo. Arg. TB.

652 Amis du commerce et des Arts. 1805. Tête de Minerve à g. ℟. Caducée entre 2 cornes d'abondance. Arg. FDC.

653 Compagnie de navigation mixte. Génie. ℟. Ecus de Lyon, du Brésil, de Marseille et de l'Empire français. Arg. FDC.

654 *Marseille.* Lloyd marseillais. 1845. Arg. Octog. FDC.

655 Cie maritime de la Méditerranée. Ecu de la ville. ℟. Bateau à vapeur. Arg. TB.

656 Intendance sanitaire. Tête de Louis-Philippe à g. ℟. Coupe et serpent. Arg. Octogone. TB.

657 Chambre de Commerce. 1775. L'entrée du port de Marseille. Arg. Octogone. TB.

658 — Autre. Tête de Louis-Philippe à g. Arg. Octogone, FDC.

659 — Autre. Tête nue de Napoléon III à g. Arg. Octogone. FDC.

660 *Melun.* Chambre des notaires. Tête laurée de Napoléon III à g. Arg. Octogone. FDC.

661 *Nevers.* Jeton de la ville. 1688. Arg. FDC.

662 *Orléans.* Mairie de M. Seurrat. 1780. Son écu tenu par deux licornes. Arg. Octog. FDC.

663 *La Réunion.* Banque de l'ile. Tête nue de Napoléon III à dr. Arg. Octogone. FDC.

664 *La Rochelle.* Chambre des Notaires. Tête de Cérès à g. Arg. FDC.

665 *Rouen.* Chambre d'assurances. Buste habillé de Louis XVI. ℟. Femme assise. Arg. TB.

666 Clergé. Ecu de la Rochefoucault. ℟. Cassolette sur un cippe. Arg. Octogone. TB.

667 Communauté des lingères. Tête vieillie de Louis XV lauré. ℟. Une bonne Foi. Arg. TB.

668 Chambre de Commerce. 1707. Tête de Louis XIV. ℞. Caducée sur une Foi. Arg. FDC.

669 *Sedan.* Chambre des notaires. Code. Arg. Octogone. FDC.

670 *Sénégal.* Cie de remorquage. ℞. Bateau à vapeur. Arg. FDC.

671 *Strasbourg.* Compagnie du canal Monsieur. 1821. Vue du canal. Arg. Octogone. FDC.

672 *Troyes.* Arquebuse. Tête laurée de Louis XV. ℞. Ecu sur des emblèmes guerriers. Arg. TB.

673 *Versailles.* Association mutuelle contre l'incendie. 1824. Arg. Octog. FDC.

Paris. — Imp. C. CHAUFOUR, 8-10, rue Milton

www.ingramcontent.com/pod-product-compliance
Ingram Content Group UK Ltd.
Pitfield, Milton Keynes, MK11 3LW, UK
UKHW032011260826
14628UKWH00005B/2427

9 782329 373522